Gegen Langeweile auf Partys

AF216060

Casilda Berlin

Weitere Ausmalbücher von Casilda Berlin:

LANDSCHAFTEN – zum Ausmalen und Relaxen, Band 1
ISBN-13: 978-1530922925

LANDSCHAFTEN – Strand und Meer zum Ausmalen und Relaxen
ISBN-13: 978-1534676169

REISE ans Meer zum Ausmalen und Relaxen
ISBN-13: 978-1534709812

HÄUSER UND GEBÄUDE – zum Ausmalen und Relaxen
ISBN-13: 978-1533569080

Tiere aus aller Welt zum Ausmalen und Relaxen
ISBN-13: 978-1530831357

50 zauberhafte Hunde
ISBN-13: 978-1530059607

50 fantastische Pferde
ISBN-13: 978-1530203741

Eulen zum Ausmalen und Relaxen
ISBN-13: 978-1530448067

ENTSPANNNG – 50 harmonische Bilder zum Ausmalen und Relaxen
ISBN-13: 978-1530852543

50 Bilder, die leicht gelingen – ein Ausmalbuch für Senioren (Anfänger)
ISBN-13: 978-1530264391

Besuchen Sie die Autorin Casilda Berlin, und holen Sie sich
1 kostenloses ebook zum Ausmalen:

www.casilda-berlin.de

Herstellung und Verlag: BoD - Books on Demand, Norderstedt
ISBN: 9783744897808

Die Party geht los – malt die Flasche aus und lasst die Korken knallen!

Bild ausmalen, nachstellen und auf facebook posten.

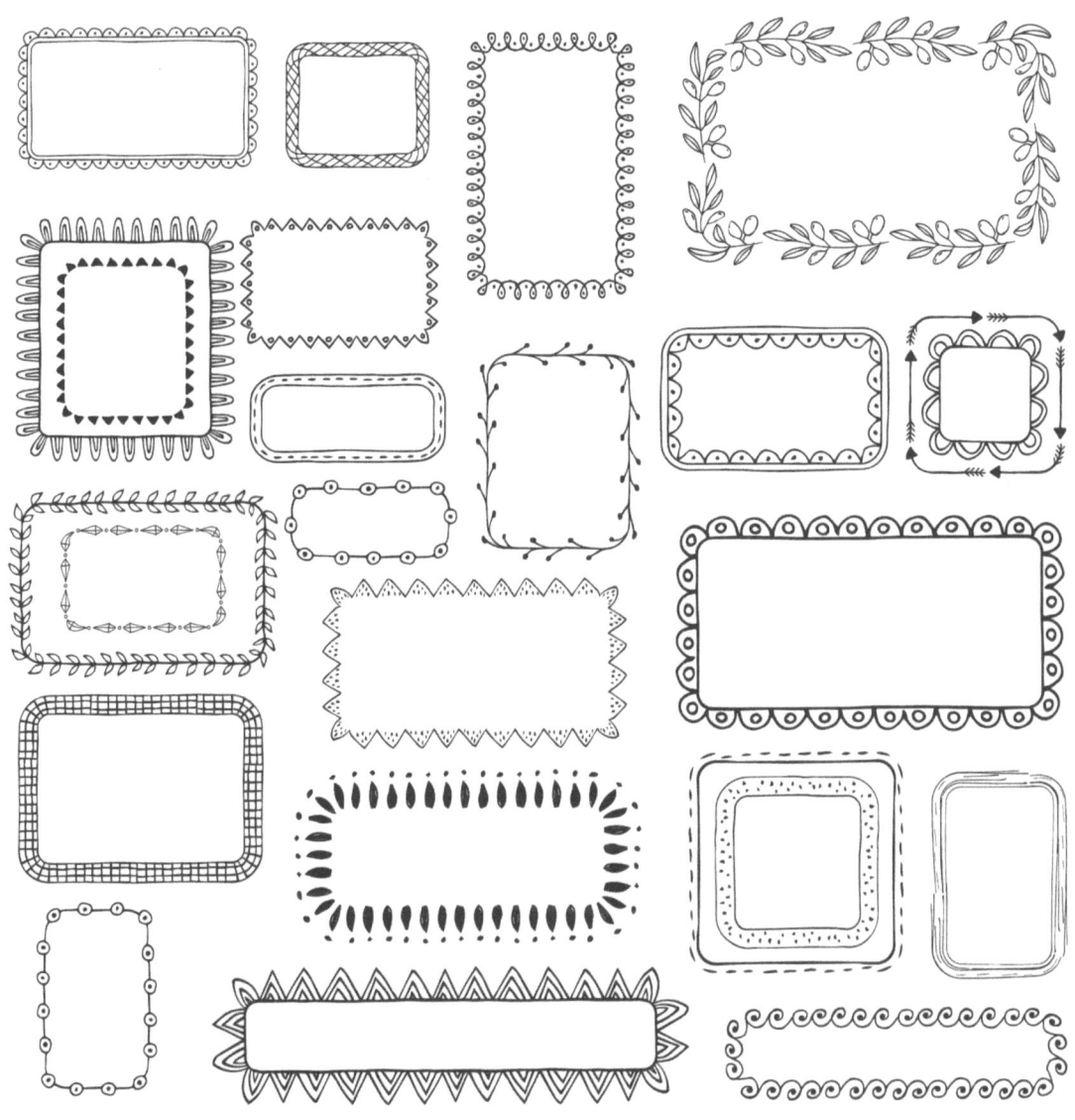

Schreibt die Spitznamen auf die Namensschilder.
Wer noch keinen Spitznamen hat, kriegt heute sein Fett weg.

Who is Who?
Bilder ausmalen und mit Namensschildern an die Partypeople verteilen.

Alles grau und mau? Bringt Farbe in die Bude und malt die Girlanden aus.

Keine Zeit für ein schickes Outfit gehabt?
Schäm dich nicht, das zu ändern – Kleid ausmalen und anziehen!

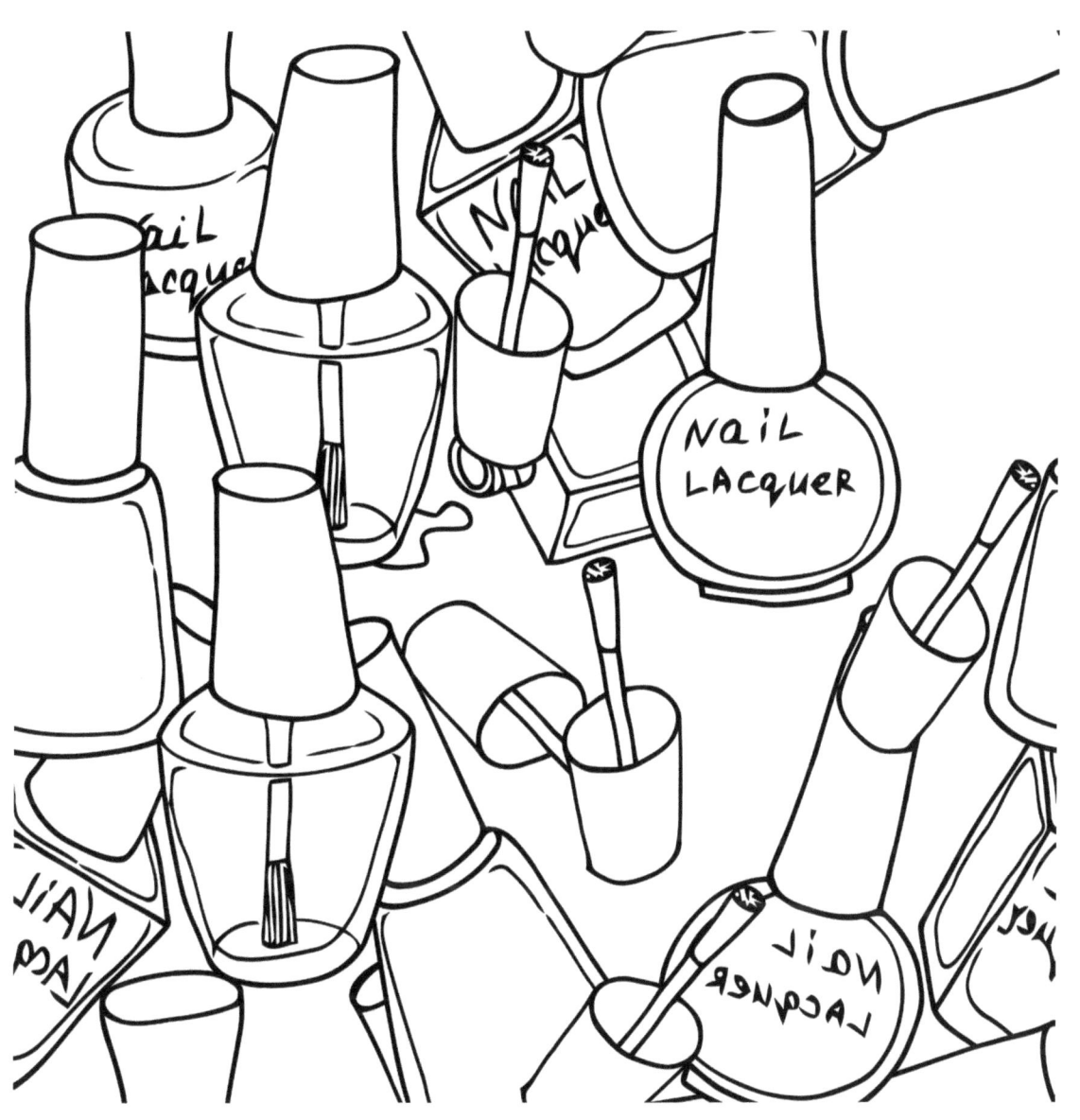

Dazu der passende Nagellack.
Flaschen ausmalen, dann Finger- und Fußnägel knallrot lackieren.

Jemand von den Herrschaften underdressed auf der Party erschienen? Malt die Krawatten aus und bringt sie an den Mann.

Gelangweilte Gesichter auf der Party? Schluss damit – malt sie lustig aus.

Noch nicht das das ganze Partygeld eingesammelt?
Schmeißt eure Cents auf die Seite und malt die Umrandungen.

Augen zu und durch!
Malt die Getränke mit geschlossenen Augen aus und bringt sie unter die Leute.

Party macht hungrig.
Malt das Essen aus und verteilt es an die Gäste – natürlich alles mit links.

Oje, was aus den Boxen dröhnt, hört sich an wie Katzenmusik!
Katze ausmalen und Schnauze halten!

Haut selbst in die Tasten – Bild ausmalen und dabei in den höchsten Tönen singen

Lauft im Kreis und malt alle Instrumente aus.

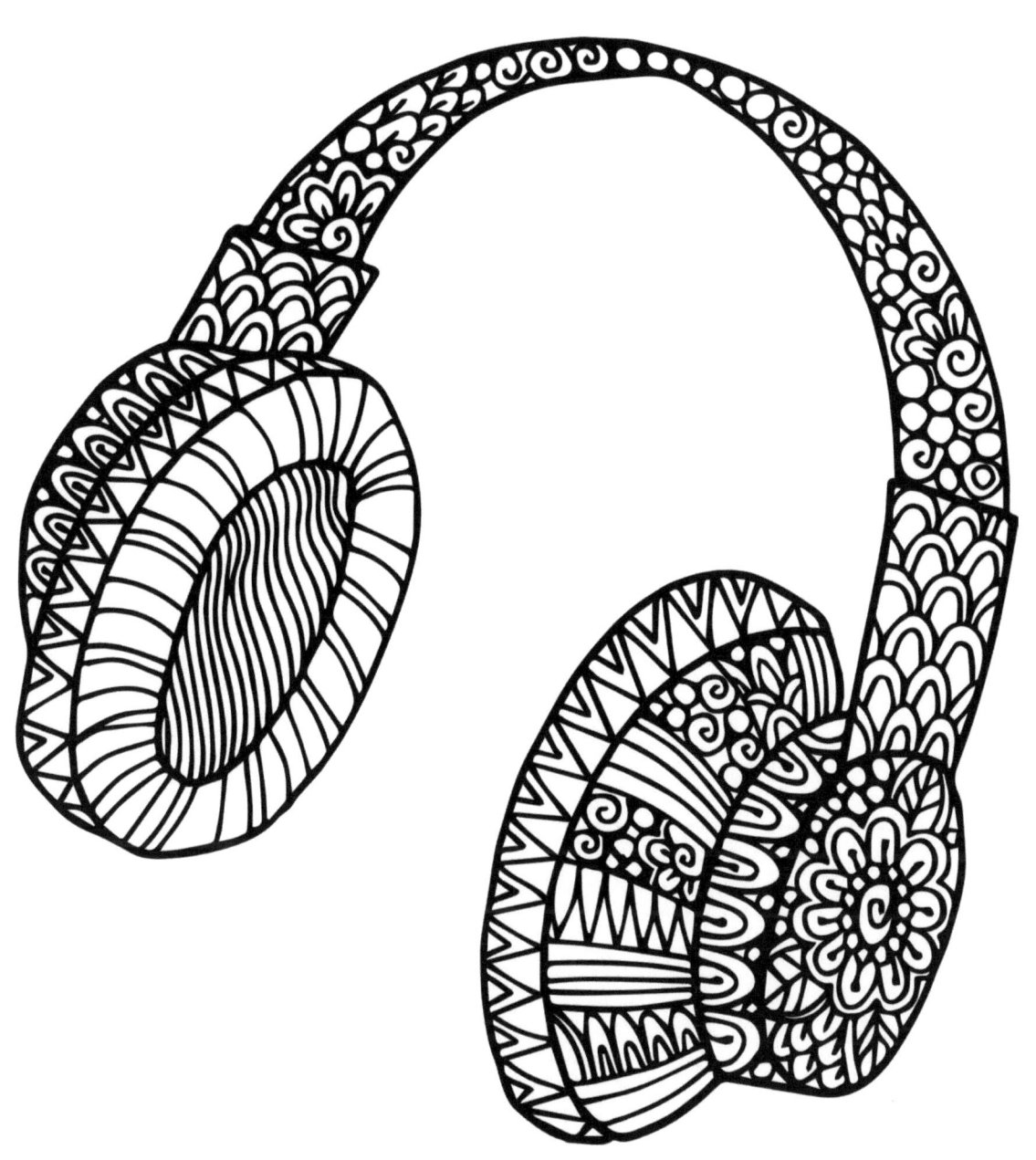

Immer noch verdammt schlechte Mucke? Kopfhörer ausmalen und aufsetzen!

Wer tanzt hier daneben?
Bild ausmalen und dazuschreiben, welche Beine wem gehören.

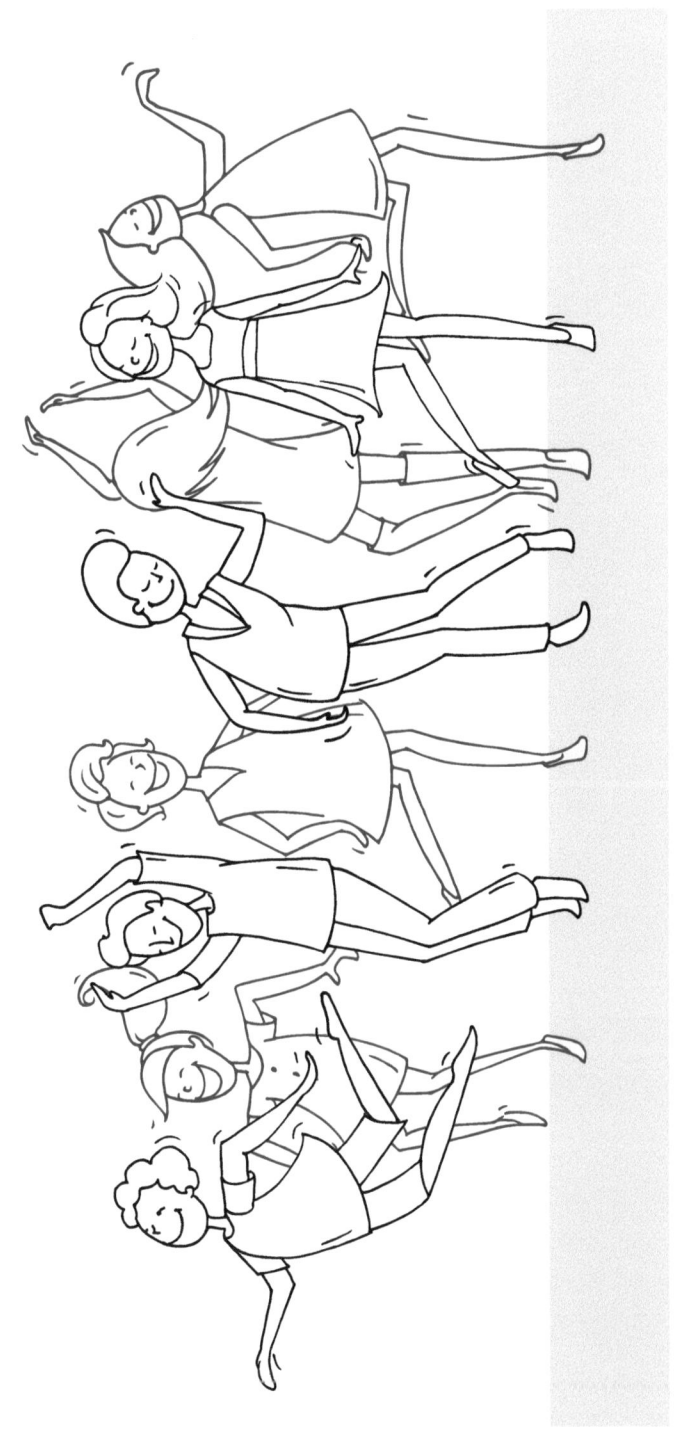

Malt das Bild aus und stellt es nach.

Malt das Bild aus und stellt es nach.

Lust auf Rosenkavalier?
Hier ist deine Chance!

Wer schafft diese Position am längsten?
Der Posenkönig malt das Bild aus und wird gekrönt (siehe nächste Seite).

Krone für den Posenkönig ausmalen und aufsetzen.

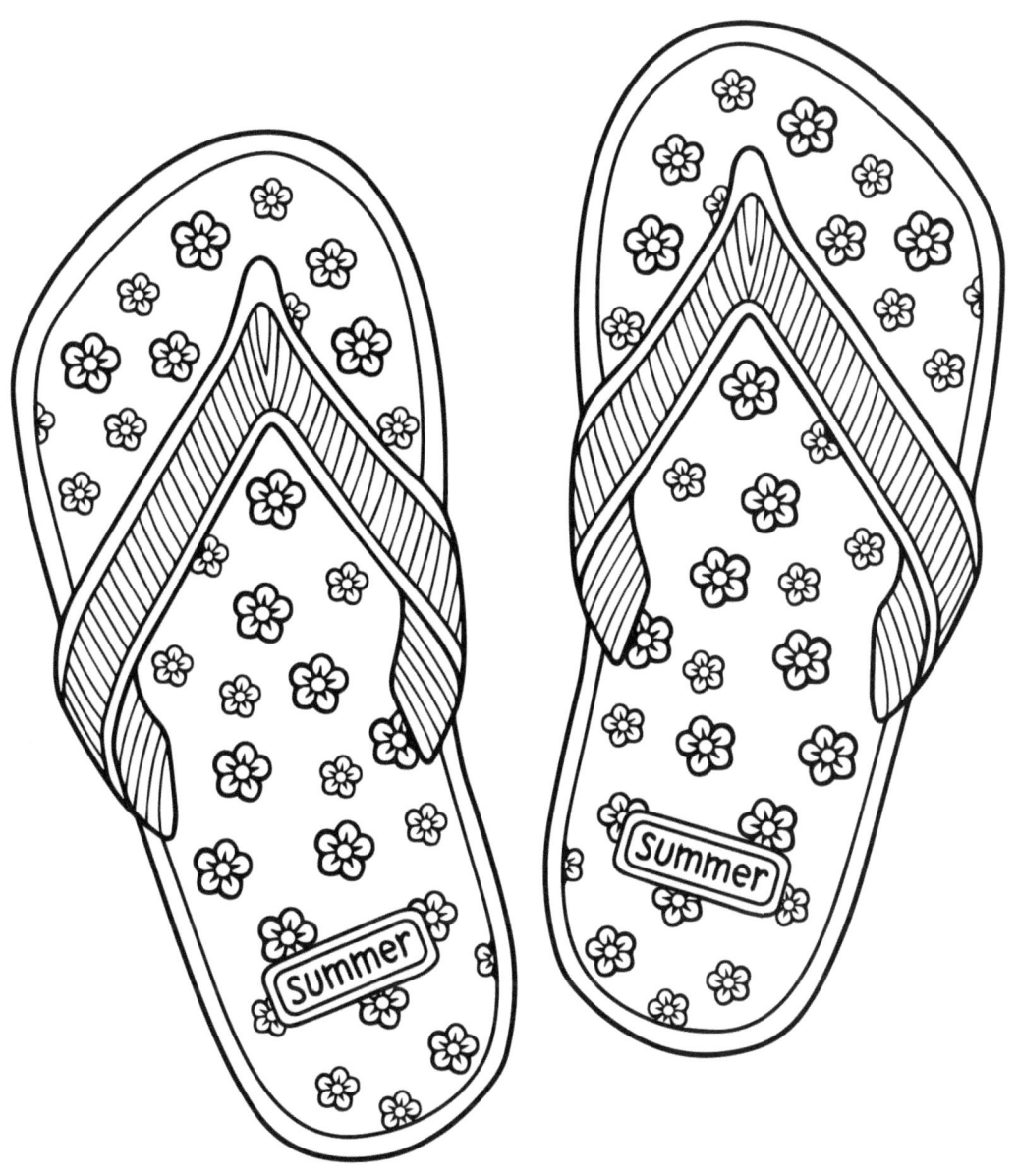

Füße platt getanzt? Flipflops ausmalen und anziehen.

Wer hat die Party geschwänzt?
Malt das Bild aus und postet es auf facebook.

Lasst die Partysau raus – ausmalen und los damit!

Ein muntermachendes Tässchen Kaffee für alle Autofahrer und diejenigen, die wieder nüchtern werden wollen.

Für den kleinen Hunger zwischendurch – Eis ausmalen und runter damit.

Steht zu dem, was ihr angerichtet habt – also Partychaos ausmalen!

Malt das Bild aus und schreibt eine To do-Liste für die Putzfrau.

Aus die Maus, gleich geht`s nach Haus.
Vorher noch das Bild ausmalen und nachstellen.

Telefon rot ausmalen, dann Mama anrufen.

Wichtige Hinweise

Alle Angaben in diesem Buch wurden sorgfältig und nach bestem Wissen erstellt und erfolgen ohne Verpflichtung oder Garantie der Autorin und des Verlages. Sie übernehmen keine Verantwortung und Haftung für das Gelingen, sowie für Personen-, Sach- und Vermögensschäden.

1. Auflage 2017
Herausgeber und Copyright©:
SuperSenior® Marketing Ltd.
Quastenhornweg 2a
14089 Berlin